Katja Schlottke

Stahlblaue Augen im Shaolin Licht

Willkommen liebe Leserinnen und Leser!

Tauche ein in die faszinierende Geschichte von Katja Schlottke , der „Sekundenmeisterin“, die sich auf eine außergewöhnliche Reise begab – von den ehrwürdigen Hallen des Shaolin-Tempels in China.

Diese Reise war mehr als nur körperliche Herausforderungen – sie waren eine Wandlung von Geist und Seele.

Dieses Buch ist mehr als eine Chronik einer transformativen Reise – es ist eine Einladung, deine eigenen Grenzen zu überwinden und das Leben aktiv zu gestalten.
Dein Moment ist jetzt – bist du bereit?

Impressum

www.katja-schlottke.de
Verlag: BoD · Books on Demand GmbH, In de Tarpen 42,
22848 Norderstedt, bod@bod.de
Druck: Libri Plureos GmbH, Friedensallee 273, 22763 Hamburg
ISBN: 978-3-7693-4027-3

Inhaltsverzeichnis

RP91375313
RP91375316
伍拾圆

职场问题
上"职Q"专业解答
1.57亿用户的职场社区
忘初心、牢记使命，交通强国、铁路先行
VIP
候车室 Waiting Room 1-9
北售票处 North Tickets
北广场 North Square

EINLEITUNG

Tief in mir trug ich einen Traum, der stärker war als jeder Zweifel, stärker als die Stimmen, die sagten, es sei unmöglich. Dieser Traum führte mich zu einem mystischen Ort, zu dem legendären Original Shaolin-Kloster in China, einem Ort, der in den Nebeln meiner Vorstellung lag und dennoch so greifbar schien.

Seit ich denken konnte, waren die Kraft der Shaolin, die mentale Kraft, die Kraft des Geistes und die Spiritualität meine stille Leidenschaft. Doch jedes Mal, wenn ich meinen Traum teilte, meinen Wunsch, bei den Shaolin-Mönchen zu trainieren, begegnete mir Unglaube. „Das ist nichts für Frauen", hörte ich oft, oder „Das ist nur ein ferner Traum". Selbst bei den atemberaubenden Shows der Shaolin-Kämpfer, deren Stärke und Disziplin ich bewunderte, wurde mir gesagt, dass es für jemanden wie mich unerreichbar sei.

Aber tief in mir wusste ich, dass der richtige Moment kommen würde. Trotz Spott und Skepsis hielt ich an meinem Traum fest, visualisierte jeden Schritt auf diesem Weg und glaubte daran, dass das Universum für mich sorgen würde. Und dann, eines Tages, öffnete sich die Tür zu einer Welt, die ich nur aus meinen kühnsten Träumen kannte.

Als ich wie von Zauberhand auf einmal einen Großmeister aus Wien fand, der mir dann wahrscheinlich diese Traumreise ermöglichen könnte. Ich schrieb ihn an und spürte, dass wird der Schlüssel.

Ich bekam Antwort und somit schien die Traumtür geöffnet. Eine Bewerbung beim Abt im Shaolin Kloster war für mich keine Hürde mehr, sondern weiter die Aufgabe, fest an meinem Traum zu glauben. Und die Antwort war JA...
Natürlich war meine Freude schon sehr groß, doch eine weitere Hürde stand nun doch noch vor mir.
Das Visum.

Und dann, der große Tag - als ich MEIN Visum im Briefkasten fand.
Ich jubelte und konnte es gar nicht glauben. Meine Aufregung war seitdem ungebremst.

Und während Du diese Seiten durchblätterst, soll es Dir eine Erinnerung sein: Glaube nicht nur an Deine Träume, sondern ergreife mutig die Gelegenheit, sie zu verwirklichen. Denn manchmal ist es der erste Schritt ins Unbekannte, der Dich zu den erstaunlichsten Entdeckungen Deines Lebens führt.

Und so, wie Buddha einst sagte: „Alles, was wir sind, entsteht mit unseren Gedanken. Mit unseren Gedanken machen wir die Welt.“

"Diese Worte sollen Dir als Wegweiser dienen, um zu erkennen, dass alles erreichbar ist, wenn Du dem Ruf Deines Herzens nachgehst und Deine Träume mit unerschütterlicher Entschlossenheit verfolgst."

1."Durch die Nacht zum Shaolin-Traum: Eine Reise voller Geheimnisse und Erwartungen"

Das Packen meines Koffers war eine erste Herausforderung. Was nimmt man mit, wenn man sich auf eine Reise bei schwüler Hitze von 33-35 Grad vorbereitet? Jedes Kleidungsstück, jede Entscheidung fühlte sich an wie ein kleiner Schritt auf einem ungewissen Pfad.

Meine Reise begann in Berlin, die Hauptstadt meiner Heimat, die mir vertraut war und doch so weit entfernt schien von dem mystischen Shaolin-Kloster.

Die Nacht im Hotel vor meinem Abflug war unruhig. Schon um 3 Uhr morgens lag ich wach, getrieben von einer Mischung aus Aufregung und Nervosität. Der Schweiß stand mir auf der Stirn, während ich über das bevorstehende Abenteuer nachdachte.

Der Flug von Berlin nach Frankfurt war nur der Anfang eines viel größeren Abenteuers.

Am Flughafen, nach dem Check-in, versuchte ich, mich mit einem Latte Macchiato und einer Brezel zu beruhigen. Später, als ich mir noch schnell ein Wasser holte, sprach mich die Verkäuferin überraschend an und erinnerte sich an meine frühere Bestellung. „Noch einen Latte?", fragte sie. Verwirrt fragte ich zurück, wie sie sich bei so vielen Passagieren an mich erinnern konnte. Ihre Antwort – „Solche Augen bleiben in Erinnerung" – brachte ein Lächeln auf mein Gesicht.

Am Gate wuchs meine Aufregung ins Unermessliche. Es fühlte sich surreal an, dass mein Traum nun Wirklichkeit wurde. Ich konnte kaum fassen, dass ich tatsächlich auf dem Weg war, die Shaolin-Mönche kennenzulernen.

Doch ... In Frankfurt sollte ich ja meinen Großmeister treffen, der mich auf dieser Reise begleiten und führen würde. Am Gate angekommen, war von ihm keine Spur zu finden.

Mein Herz schlug schneller, als ich durch die Menschenmenge am Flughafen eilte, auf der Suche nach einem Gesicht, das ich nur von Fotos kannte. Mit jedem vergehenden Moment wuchs meine Nervosität. Was, wenn ich ihn nicht finde? Der Gedanke, allein in Peking zu landen, ohne Kenntnisse der Sprache und ohne meinen Großmeister, ließ mein Herz vor dem Unbekannten noch größer werden.

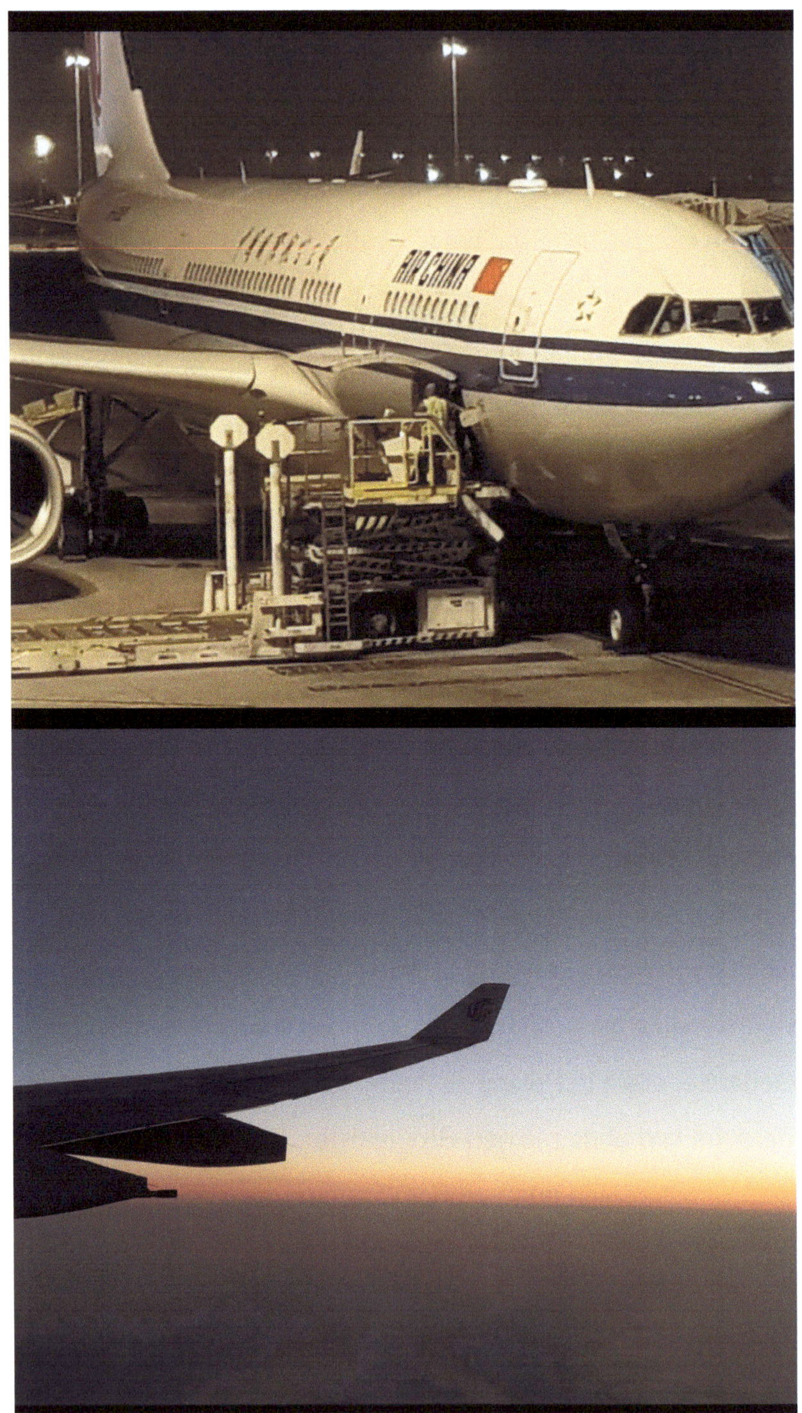
AIR CHINA

Meine Familie hatte mir am Telefon noch gesagt, vorsichtig zu sein und nun stand ich hier, vielleicht auf dem Weg ins Ungewisse.
Doch trotz der Angst und Unsicherheit, trotz der fehlenden Vertrautheit meines Großmeisters, stieg ich ins Flugzeug. Ich konnte und wollte diesen Traum nicht aufgeben, nicht jetzt, wo ich so nah dran war.

Während ich mich auf meinen Sitz setzte und das Flugzeug langsam zur Startbahn rollte, spürte ich, wie mein Handy vibrierte. Es war eine Nachricht – „Seat A38". Mein Herz machte einen Sprung. Das war endlich die Antwort meines Großmeisters. In letzter Sekunde, kurz bevor ich mein Handy für den Flug ausschalten musste, hatte ich die Gewissheit, dass er hier war, irgendwo im selben Flugzeug.
Diese Nachricht war wie ein Lichtstrahl in der Dunkelheit meiner Nervosität. Plötzlich fühlte ich mich nicht mehr so allein. Ich schaltete mein Handy aus, lehnte mich zurück und schloss die Augen. Das Flugzeug hob ab und mit ihm stiegen meine Gedanken und Hoffnungen in den Himmel. Ich war unterwegs zu einem Ort, der in meinen kühnsten Träumen eine Rolle spielte – und jetzt wurde er Realität.

Die Vorfreude und das Gefühl des Abenteuers vermischten sich mit einer tiefen Neugier auf das, was kommen würde. Während das Flugzeug durch die Wolken glitt, ließ ich die Bilder von Shaolin-Mönchen, alten Tempeln und geheimnisvollen Kung-Fu-Techniken durch meinen Geist tanzen. Die Reise zu mir selbst, zu den Lehren des Shaolin, hatte gerade erst begonnen.

m Flugzeug war es eisig kalt. Ich stand mehrmals auf, ging zum Sitz A38 und sah, dass der Großmeister dort saß, schlief aber. Jedes Mal kehrte ich zu meinem Platz zurück, ohne ihn zu wecken.

Nach der Landung in Peking erwartete uns ein kurzer Aufenthalt, bevor die nächste Etappe unserer Reise begann. Wir hatten einen straffen Zeitplan und mussten im Laufschritt zum Hochgeschwindigkeitszug eilen, der uns nach Henan bringen sollte. Zwischen Fingerabdruck- und Passkontrollen hetzten wir durch den Bahnhof, immer im Wettlauf gegen die Zeit.

Der Zug raste mit über 300 km/h dahin, eine Reise von über 700 km tief ins Herz Chinas.

Als wir schließlich in Henan ankamen, folgte noch eine 1,5-stündige Busfahrt. Der Bus schaukelte über kurvige Straßen, während ich die Landschaft betrachtete und über das nachdachte, was vor mir lag.

Die gesamte Reise war ein Wirbel aus Bewegung, Aufregung und Erwartung. Als ich endlich das Shaolin-Kloster erreichte, war ich erschöpft, aber erfüllt von einem tiefen Gefühl der Vorfreude und Neugier. Ich stand am Beginn eines neuen Lebenskapitels, geprägt von Abenteuer, Selbsterkenntnis und spirituellem Wachstum.

Das war noch nicht das schnellste Tempo

Als ich schließlich vor den Toren des Shaolin-Klosters stand, fühlte ich mich wie am Rand einer neuen Welt, bereit, in das Unbekannte einzutauchen.

In diesem Buch nehme ich Dich mit auf meine unvergessliche Reise. Eine Reise, die nicht nur eine körperliche Herausforderung war, sondern auch eine tiefgreifende spirituelle Erfahrung. Du wirst mit mir durch die Hallen des Klosters wandern, die Härte des Kung-Fu-Trainings und die Stille der Meditation erleben. Jeder Schritt, jeder Atemzug, jede Bewegung führte mich näher an eine Erkenntnis heran, die mein Leben für immer verändern sollte.

Begleite mich auf dieser Reise der Entschlossenheit und des Glaubens, von einem Leben, das ich kannte, zu einem Leben, das ich nie für möglich gehalten hätte. Es ist eine Reise voller Herausforderungen, Offenbarungen und unerwarteter Wendungen – eine Reise, die zeigt, wie die alten Lehren der Shaolin-Mönche nicht nur den Körper, sondern vor allem den Geist und die Seele formen.

2. “Die Schwelle zum Unbekannten”

Nach einer langen und anstrengenden Reise, die mich quer durch das pulsierende Herz Chinas führte, erreichte ich endlich das Original Shaolin Kloster. Hier, im Schatten der heiligen Song-Berge, lag mein Ziel: Der Tempel, ein Ort, der in meiner Vorstellung seit Jahren lebte und nun direkt vor mir stand.

Der erste Anblick des Klosters war überwältigend. Die majestätischen roten Mauern und die uralten Türme, die sich stolz gegen den Himmel abzeichneten, wirkten wie das Tor zu einer anderen Welt. Ich spürte eine Mischung aus Ehrfurcht und Aufregung, als ich die Schwelle zu diesem heiligen Ort überschritt.

Die Atmosphäre im Kloster war ruhig und doch erfüllt von einer spürbaren Energie - eine Energie einer über 1500 Jahre alten Tradition. Ich beobachtete die Mönche in ihren traditionellen grauen und orangefarbenen Gewändern, wie sie mit einer Ruhe und Präzision durch die Hallen gingen, die sofort Respekt einflößte. Jeder Schritt, jede Geste schien von einer jahrhundertealten Tradition durchdrungen zu sein.

Mein erster Tag im Kloster war geprägt von einer Fülle neuer Eindrücke. Ich lernte die Grundregeln des Klosterlebens kennen, die strengen Essens- und Schlafzeiten und die Erwartung, dass jeder Moment des Tages einem höheren Zweck gewidmet sein sollte.

Es war eine Welt, die sich grundlegend von allem unterschied, was ich kannte und doch fühlte ich mich seltsam zu Hause.

3."**Erste Stunden im Schatten des Shaolin-Tempels**"

Als ich um 14:30 Uhr Ortszeit den Boden des Shaolin-Tempels betrat, fühlte ich mich wie in eine andere Welt versetzt. Die Luft war erfüllt von einer Mischung aus Ruhe und einer unbeschreiblichen Energie. Meine Augen versuchten, jedes Detail einzufangen, während ich die Umgebung in mich aufnahm.

Eines der ersten Dinge, die ich beobachtete, ließ mir das Herz schwer werden: Ein großes Auto hielt, die hinteren getönten Scheiben verbargen seinen Inhalt. Als die Hintertür aufging, stieg ein kleiner, vielleicht dreijähriger Junge aus. Kaum hatte sich die Tür geschlossen und das Auto setzte sich in Bewegung, begann der Kleine hinterher zu rennen. Er weinte bitterlich und rief etwas, das ich nicht verstehen konnte.

Diese Szene trieb auch mir Tränen in die Augen, ein Stich im Herzen angesichts seiner Verzweiflung.
Der Großmeister, der neben mir stand, erklärte mir leise, dass es üblich sei, dass Eltern ihre Kinder in den Tempel bringen, damit sie eine fundierte Kung-Fu-Ausbildung erhalten. Diese Ausbildung würde ihnen nicht nur eine Zukunft sichern, sondern auch ihre Familien finanziell unterstützen. Diese Worte brachten eine bittere Süße in diesen Moment – Stolz und Trauer in einem.

Mit pochenden Kopfschmerzen folgte ich dem Großmeister, der mir den Tempel zeigte. Die Einfachheit und der Mangel an modernem Komfort, den ich aus Deutschland gewohnt war, traten hier deutlich hervor. Manches erschien mir nach deutschen Standards sehr schmucklos und sogar dreckig.
Das Abendessen war schlicht, aber in Ordnung, eine einfache Mahlzeit, die in starker Kontrast zu den emotionalen Turbulenzen des Tages stand. Danach zog ich mich in mein bescheidenes Quartier zurück, ein einfaches Bett in einem spartanischen Raum. Während ich dort lag, versuchte ich zu schlafen, doch die Erlebnisse des Tages wirbelten durch meinen Kopf. Es war der Beginn einer Reise, die mein Verständnis von Komfort, Luxus und dem, was im Leben wirklich zählt, herausfordern und verändern würde.

""Nacht der Offenbarungen: Erwachen im Shaolin-Tempel"

In der Stille meines einfachen Zimmers im Shaolin-Tempel, umgeben von der Aura uralter Mauern, erlebte ich eine Nacht, die ich nicht so schnell vergessen würde. Es war eine Nacht voller wirrer Träume, in denen die Grenzen zwischen Realität und Fantasie verschwammen. Man sagt, die Träume der ersten Nacht unter einem fremden Dach seien bedeutsam. Was auch immer ich träumte, es fühlte sich an wie eine wilde Reise durch mein Unterbewusstsein.
Ich erwachte um 23:23 Uhr, mitten in der Nacht und starrte auf die doppelte Zahl auf meiner Uhr. Ein Zeichen? Ein Omen? Diese Zahlenfolge ließ mich grübeln, während die Kopfschmerzen unerbittlich anhielten. Ich griff nach den Schüßler Salzen, von denen ich tausend Stück mitgebracht hatte und ließ sie langsam auf meiner Zunge zergehen, in der Hoffnung auf Linderung.

Plötzlich riss mich das kraftvolle, gleichmäßige Rufen eines Shaolin-Kindes aus meinen Gedanken. Als Mutter hat man feine Antennen für die Stimmen von Kindern und dieser Ruf, so kraftvoll und doch so verloren, berührte mich tief.

"Im Schatten der heiligen Hallen und unter dem weiten Himmel des Shaolin, wo das Echo der Vergangenheit auf die Stille der Gegenwart trifft, entfaltet sich eine Lehre, die älter ist als die Berge – ein unerschütterliches Vermächtnis von Kraft, Frieden und unendlicher Weisheit."

"Der erste Morgen im Kloster war noch von einer gewissen Ruhe geprägt. Ich stand um 6:23 Uhr auf, ein „spätes“ Aufstehen in dieser Welt des frühen Erwachens. Das Frühstück im großen Saal war eine Erfahrung für sich – gewöhnungsbedürftig, aber nicht fremd. Als ehemalige Leistungssportlerin kannte ich die Art der Gemeinschaftsmahlzeiten von Wettkämpfen und Turnieren. Doch hier, in diesem alten Tempel, hatte alles eine andere Bedeutung, eine Tiefe, die ich erst noch verstehen musste. Jedes Stäbchen, jeder Bissen, jedes Geräusch und jede Bewegung um mich herum war Teil eines alten Rhythmus, der mich langsam in seinen Bann zog. Ich war weit entfernt von allem, was ich kannte und doch fühlte ich mich, als ob ich an genau den richtigen Ort gekommen war.

"**Ein Vormittag im Herzen des Shaolin-Tempels**"

Der Vormittag im Shaolin-Tempel war ein Kaleidoskop aus neuen Eindrücken und Erkenntnissen. Der Tempelrundgang führte mich durch jahrhundertealte Hallen und Höfe, jeder Winkel erzählte seine eigene Geschichte. Ein Teil des Tempels war öffentlich zugänglich und es war faszinierend zu sehen, wie die Eintrittsgelder zur Erhaltung dieses großartigen Ortes beitrugen. Ich spürte die Geschichte in jeder Steinplatte, in jedem Flüstern des Windes.

Die Überreichung meiner Trainingskleidung war ein symbolischer Moment, der mich noch tiefer in die Welt des Shaolins eintauchen ließ. Ich fühlte mich wie ein Teil dieses alten und ehrwürdigen Erbes, bereit, mich den Lehren und Disziplinen zu widmen.

Während des ganzen Vormittags wurde ich von vielen chinesischen Besuchern beobachtet und fotografiert. Als Europäerin mit leuchtend blauen Augen war ich eine Seltenheit, ein unerwarteter Anblick in dieser traditionellen Umgebung. Die ständige Aufmerksamkeit war überraschend, aber auch ein Zeichen der Verbindung und Neugier, die Kulturen überbrücken kann.

Das Mittagessen war eine Zeit der Stille und des Nachdenkens. Die Mahlzeiten hier waren mehr als nur Nahrungsaufnahme; sie waren ein Teil des täglichen Rituals, das Geist und Körper nährte.

Doch die Ruhe des Mittags wurde von einem heftigen Regenschauer unterbrochen. Während ich dem Prasseln des Regens lauschte, wurde mir klar, dass ich in meiner Vorbereitung nicht an einen so einfachen, aber wesentlichen Gegenstand wie einen Regenschirm gedacht hatte. Dieser Moment war symptomatisch für die gesamte Reise: eine ständige Erinnerung daran, wie wichtig es ist, im Hier und Jetzt zu leben und sich den Gegebenheiten anzupassen.

Während der Regen draußen seine eigenen Melodien spielte, nutzte ich die Zeit, um nach innen zu schauen, um die vielen Gedanken und Gefühle zu ordnen, die diese Reise in mir auslöste. Es war ein Moment des Innehaltens, ein tiefes Atmen in einer Welt, die so alt und doch so neu für mich war.

Nachdem ich erneut realisiert hatte, dass ich ohne Regenschirm da stand, musste ich mir etwas einfallen lassen. Die Lösung war ebenso simpel wie aberwitzig: Mit improvisierten Mitteln trotzte ich dem Regen, was mich in eine Gestalt verwandelte, die gleichzeitig skurril und erfinderisch aussah. Ich konnte nicht anders, als über mein eigenes Spiegelbild zu lachen. In diesem Moment war mir klar: Manchmal sind es die unerwarteten Situationen, die uns am meisten zum Lachen bringen und uns daran erinnern, wie viel Spaß es machen kann, einfach mal kreativ zu sein - einfach unbeschwert.

FEIYUE

"Kung Fu-Training: Schweiß und Staunen"

Der Nachmittag stand ganz im Zeichen des Kung Fu-Trainings, eine Disziplin, die ich zwar aus dem Leistungssport kannte, die hier aber eine ganz neue Dimension eröffnete. Beim Aufwärmen kam ich ordentlich ins Schwitzen und ich konnte die überraschten Blicke einiger Mönche spüren. Besonders mein 18-jähriger Kung Fu-Trainer, jünger als meine eigene Tochter, schien beeindruckt von meiner Beweglichkeit – nicht schlecht für meine 45 Jahre!

Wir übten die „erste Form“ so intensiv, dass es sich fast anfühlte, als würden wir sie bis zum „Erbrechen“ wiederholen. Die Perfektion dieser Grundform ist die Basis des Kung Fu und ich spürte, wie mein Körper trotz meiner guten Fitness an seine Grenzen kam. Jede Bewegung, jeder Tritt und Schlag war eine Mischung aus Schmerz und Stolz.

Am Abend fand ich noch die Zeit, über WeChat mit meiner Familie zu Hause zu sprechen. Ihre Stimmen zu hören, war eine willkommene Erinnerung an die Welt, die ich für eine Weile hinter mir gelassen hatte.

Für den nächsten Morgen war Qi Gong um 6 Uhr angesetzt – vorausgesetzt, der Regen machte uns keinen Strich durch die Rechnung.

"Ich war gespannt, welche Träume mich diese Nacht begleiten würden, oder ob ich einfach vor Erschöpfung in einen tiefen, steinernen Schlaf fallen würde. Eines war sicher: Jeder Tag hier im Shaolin-Tempel war eine neue Erfahrung, ein neues Abenteuer, das mich sowohl körperlich als auch geistig forderte und bereicherte.

"Morgensport und Kung Fu-Training: Zwischen Stolz und Schweiß"

Der nächste Morgen begrüßte mich mit Frühsport auf dem großen Platz vor dem Tempel. Die Kulisse war atemberaubend, fast mystisch und gab mir das Gefühl, Teil eines alten, ehrenvollen Rituals zu sein. Trotz der Anstrengung war es ein Moment, der mich mit Stolz erfüllte. Der Großmeister beobachtete mich genau und gab mir sein Feedback: „Sehr gut gemacht." Seine Worte waren knapp und ohne jegliche Mimik, doch in mir sprudelte die Freude. Ein Lob von einem Großmeister – das war schon etwas Besonderes! Doch ich sollte bald lernen, dass nicht jede Trainingseinheit solche Anerkennung mit sich brachte.

Nach dem Frühstück stand wieder Kung Fu-Training an. Ich dachte wirklich, ich würde dahinschmelzen. Das Aufwärmen fand draußen statt, bei brütenden 33 Grad.
Rennen, rennen, rennen – und ich spreche hier nicht von einem gemütlichen Joggen. Als ehemalige Leistungssportlerin war ich zwar einiges gewohnt, aber dieses Training setzte neue Maßstäbe.
„50 Meter Sprint, dann zurück!“ befahl der Trainer. Und das ganze nicht nur viermal. Ich fragte mich zwischenzeitlich, ob ich schon tot sei oder ob es noch weitergehen würde. Danach kamen 10 Liegestütze an jedem Ende dazu und wieder ein 50 Meter Sprint, nochmals Liegestütze und so weiter und so weiter. Nur nicht langsamer werden, dass Tempo musste gesteigert werden.

Zum Abschluss gab es „Schlusssprünge“ über 50 Meter. Meine Oberschenkel brannten wie Feuer. Als nächstes sollten wir auf jeweils einem Bein springen mit Tempe und Weite. Ich war am Ende meiner Kräfte, aber gleichzeitig erfüllt von einem Gefühl des Triumphes. Es war hart, es war heiß und es war genau das, was ich gesucht hatte.

"Intensive Tage im Shaolin-Tempel: Zwischen Teezeremonie und Tai Chi"

Nun war es offiziell: Ich war auf WeChat mit meinem Großmeister „befreundet". Seine Nachrichten waren stets so herzlich und irgendwie süß, dass ich jedes Mal schmunzeln musste, wenn mein Handy vibrierte.

Eines der Highlights war die Teezeremonie beim Großmeister. Die Art und Weise, wie er jeden Schritt zelebrierte, war nicht nur eine Lehre in Achtsamkeit, sondern auch ein tiefes Eintauchen in die chinesische Kultur. Diese Momente der Ruhe und Besinnlichkeit waren ein wohltuender Kontrast zum schweißtreibenden Training.

Die Mittagspausen waren für mich lebensnotwendig geworden. Jedes Mal, wenn ich mich hinlegte, fühlte ich, wie mein Körper und mein Geist die dringend benötigte Erholung aufsaugten.

Doch der Nachmittag brachte neue Herausforderungen: zwei Stunden Tai Chi-Training. An diesem Punkt war ich kurz davor, Tränen der Erschöpfung und Überwältigung zu vergießen. Das Training war nicht nur physisch anspruchsvoll, sondern auch mental eine enorme Belastung. Doch mit Konzentration und Durchhaltevermögen fand ich allmählich meinen Rhythmus.

Interessant waren auch die Belehrungen und Vorschriften bezüglich des Essens und der Mahlzeiten. Wie die Mahlzeiten zelebriert wurden und der Glaube daran, dass zu viel weggeworfenes Essen Karma nach sich ziehen könnte, faszinierte mich. Die Vorstellung von Karma und Essensresten ließ bunte Bilder in meinem Kopf entstehen. Aber tatsächlich war die Essensresttonne meistens kaum gefüllt.
Am Abend erfuhr ich, dass der Meister mein schnelles Laufen beim Training bemerkt und gelobt hatte. Das war ein echter Lichtblick in einem Tag voller Herausforderungen.
Beim Dehnen am Abend kam ich zwar nicht mehr ganz in den Spagat, aber ich wusste, dass sich mein Körper bald wieder an das hohe Trainingspensum gewöhnen würde.
Um 9 Uhr Abends war es Zeit für die Dusche und dann ab ins Bett, denn der Tag begann mit dem Wecker klingeln um 3 Uhr. Erschöpft, aber zufrieden legte ich mich hin.
Die kleinen Kämpfer trainierten manchmal sogar bis 20 Uhr – ihr Eifer und ihre Ausdauer waren beeindruckend und inspirierend zugleich.

“Ein berührender Moment im Kung Fu-Training"

Heute morgen erlebte ich eine Szene im Kung Fu-Training, die mir tief ins Herz ging. Ein junger Schüler bekam mehrere Hiebe mit einem Bambusstock auf die Finger. Dieses Bild ließ mich innerlich zusammenzucken. Trotz seiner bemerkenswerten Beherrschung, kein Wort des Schmerzes auszustoßen, sah ich, wie ihm heimlich Tränen über die Wangen liefen.

Das Mitgefühl überkam mich unmittelbar. Der Schmerz, den der Junge ertragen musste, war fast spürbar und rief in mir eigene Erinnerungen wach. Als ich jedoch meine Anteilnahme zeigte, wurde ich prompt zurechtgewiesen – dies sei Teil ihrer Ausbildung und nicht meine Angelegenheit.

In der Stille meines eigenen Nachdenkens nach dieser Szene wurde mir die tiefe Bedeutung der Disziplin und des Durchhaltevermögens im Kung Fu bewusst. Diese jungen Schüler, die solche Härten mit Fassung und Stärke ertrugen, waren nicht nur Schüler der Kampfkunst, sondern auch Lehrer der Resilienz. Ihre Fähigkeit, Schmerz und Herausforderungen mit solcher Würde zu ertragen, war für mich eine eindrucksvolle Lektion in Charakterstärke.

Diese Erfahrung im Shaolin-Tempel war weit mehr als nur ein physisches Training; es war eine tiefgreifende Lektion in den Werten von Ausdauer, Mut und innerer Stärke.

“Nächtliche Erleuchtung: Gedanken und Erkenntnisse"

In dieser Nacht erlebte ich eine Art Erleuchtung, eine Klarheit der Gedanken, die mich tief berührte. Ich lag wach und dachte darüber nach, warum ich hierhergekommen war. Es war mehr als nur eine Reise; es war ein Weg der Heilung, der Selbsterkenntnis und der Reinigung. Diese Erkenntnis durchdrang mich: Ich war hier, um zu lernen, zu erfahren, mich selbst zu finden und zu heilen.
Ich reflektierte, dass ich auch einfach hätte Urlaub machen können – schlafen, ausruhen, nichts tun. Doch der Ruf dieser Reise war ein anderer; er ging tiefer. Es war eine Einladung, mich selbst auf eine Weise zu begegnen, die im alltäglichen Leben vielleicht verborgen geblieben wäre.
Ein weiteres Fazit meiner nächtlichen Gedanken war die Bestärkung, immer bei mir selbst zu bleiben. Ich bin okay, so wie ich bin. Mein Wunden aus der Kindheit, der Wunsch, gemocht und geliebt zu werden, flammte noch einmal auf. Doch in der Stille dieser Nacht fand ich auch die Kraft, darüber nachzudenken, wie ich damit weiterhin umgehen werde.
Ich erkannte, dass ich auf mein Inneres hören, meiner Intuition vertrauen sollte. Meine Intuition ist stark und zuverlässig und ich muss nichts tun, nur um Anerkennung und Liebe zu finden.
Diese Nacht war ein weiterer Schritt auf meinem Weg, ein Schritt hin zu mehr Selbstakzeptanz und innerem Frieden.

“Die schlaflosen Nächte eines Shaolin-Schülers"

Einige Nächte im Shaolin-Tempel waren wie eine Sitcom – ohne Schlaf, dafür voller körperlicher Erinnerungen an das Training. Mein Bett fühlte sich an wie eine Matte in einem Turnsaal und jedes Umdrehen war eine Übung für sich, dank des Muskelkaters, der sich über meinen ganzen Körper ausgebreitet hatte.

Das Erlernen der Sechs Harmonien und der Brokat-Übungen war eine ständige Aufgabe. Selbst nach dem Training hörte das Üben nicht auf – im Kopf, im Bett, beim Essen. Es war, als hätte mein Körper ein Eigenleben entwickelt, ein muskelkatergeplagter Zombie auf der Mission, Kung Fu zu meistern.

Manchmal fühlte es sich an, als ob mein Körper mehr Überredungskunst brauchte, um in Gang zu kommen, als ein alter Motor im Winter. Aber sobald ich erst einmal aufgestanden war und mit dem Training begann, fand ich meinen Rhythmus. Jeder Schritt, jede Bewegung wurde geschmeidiger und freudiger. Ich fühlte mich wie eine Raupe, die langsam zu einem Kung Fu-Schmetterling wurde – zumindest in meinen besseren Momenten.

In diesen Nächten, in denen Schlaf eher eine flüchtige Idee als eine Realität war, entdeckte ich eine neue Seite an mir.

Eine Seite, die über Muskelkater lachen und die Schönheit im Schmerz sehen konnte. Es war eine Art verrücktes Shaolin-Ballett und ich war sowohl die Tänzerin als auch das Publikum.

“Regenchaos im Shaolin-Tempel: Eine nasse Überraschung"

Stelle Dir vor: Eine Nacht im Shaolin-Tempel und es gießt wie aus Kübeln.
Ich meine nicht nur ein bisschen Nieselregen, sondern ein richtiges Schütten, als hätte jemand den Hahn der himmlischen Dusche voll aufgedreht. Und als wäre das nicht genug, beschloss der Regen, dass er unbedingt mein "Zimmer" kennenlernen wollte.
Da lag ich also, lauschte dem Trommeln des Regens und stellte fest, dass meine Füße verdächtig nass waren. Ein kurzer Blick verriet mir: Nicht nur die Straße draußen war überflutet, nein, der Regen hatte sich auch einen Weg in mein Zimmer gebahnt. Direkt auf meinen Nachttisch.
Aber es kommt noch besser: Von der Decke blätterte die Farbe ab und landete in meinem Bett.

So hatte ich mir das mit den bunten Träumen nicht vorgestellt! Und dieses ständige Klacken – ich dachte zuerst an eine geheime Shaolin-Meditationstechnik, bis mir klar wurde, dass es die Regentropfen waren, die eine Solo-Performance auf meinem Nachttisch hinlegten.
Ich musste lachen, trotz des Chaos. Hier war ich, in einem der ältesten und ehrwürdigsten Orte der Kampfkunst und kämpfte mit meinem eigenen kleinen Sturm. Es war wie eine Szene aus einer verrückten Komödie – nur dass ich der Hauptdarsteller in diesem nassen Spektakel war. In dieser Nacht lernte ich - lachen hilft mir über so einiges hinweg.

“Kalligraphie und Medizin: Tradition trifft auf Erkenntnis"

Der Kalligraphieunterricht im Shaolin-Tempel war eine Reise in die Tiefen der chinesischen Kultur. Mit einem Pinsel in der Hand und Bambuspapier vor mir entdeckte ich eine ganz neue Welt der Ausdrucksform. Dieses besondere Papier, das nach einiger Zeit die Tinte trocknen und die Schrift verschwinden lässt, faszinierte mich. Es war, als würde man auf Wasser schreiben – flüchtig und doch so bedeutungsvoll.

Einige der Schriftzeichen gelangen mir erstaunlich gut und ich hielt sie fest, bevor sie wieder verblassen konnten. Es war ein stolzer Moment, meine eigene Handschrift in dieser uralten Kunstform zu sehen, eine Verbindung zwischen mir und einer Tradition, die Jahrtausende alt ist.

4种筆畫, 横,竖撇捺
执筆方法
悬針竖
逆鋒
收鋒

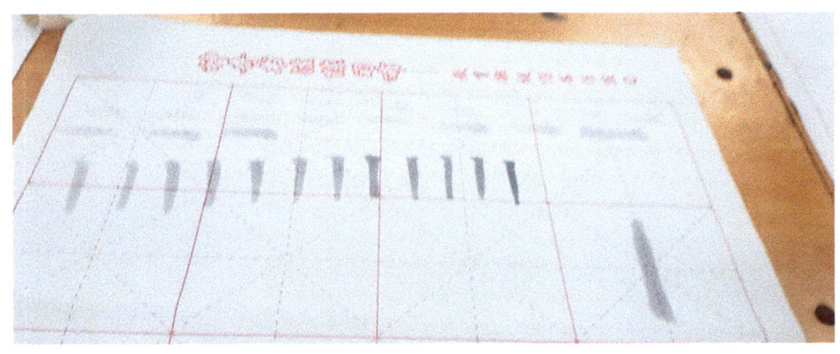

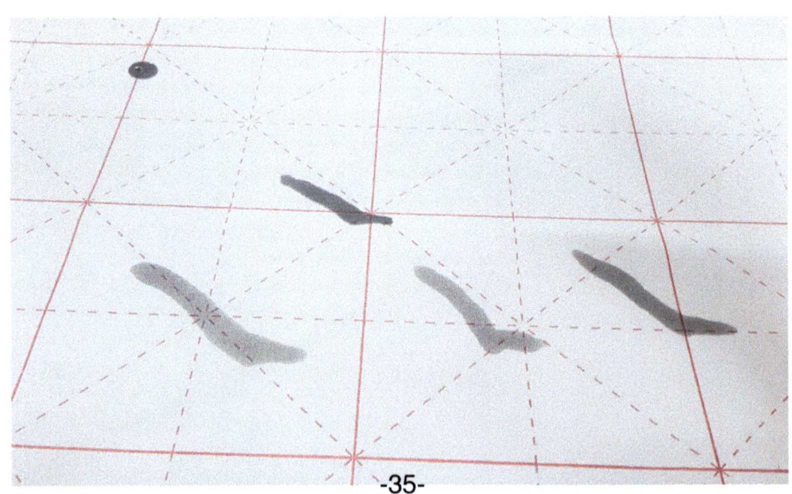

Noch beeindruckender war der Medizinunterricht. Als jemand, der in seiner Arbeit Akupunktur und die Organuhr nutzt, war es eine Offenbarung, dieses Wissen direkt von den Meistern weiter zu lernen. Ihre Weisheit und ihr Verständnis der traditionellen chinesischen Medizin waren tiefgreifend und inspirierend.

Der Höhepunkt war der Besuch in der Bibliothek, wo wir die Möglichkeit hatten, 800 Jahre alte Medizinbücher zu betrachten. Diese Bücher, sehr sorgfältig verschlossen und bewahrt, waren Zeugen der Zeit und Träger von Wissen, das Generationen überdauert hatte. Es war ein ergreifender Moment, diese alten Texte zu sehen und zu spüren, wie die Geschichte durch sie lebendig wurde. Ich fühlte mich geehrt und demütig zugleich, Teil dieses Moments der tiefen Verbindung mit der Vergangenheit zu sein.

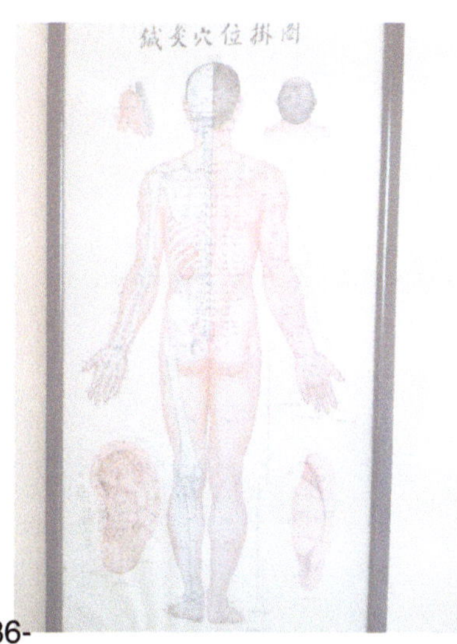

In einem Gespräch mit dem Medizinmeister kam ich auf die nadellose Akupunktur und Magnetfeldstimulation zu sprechen, Methoden, die ich in meiner eigenen Arbeit anwende.
Seine Neugier war geweckt, als ich ihm auf meinem Handy zeigte, wie ich diese Techniken praktisch umsetze.
Die Idee der nadellosen Akupunktur, kombiniert mit der modernen Magnetfeldstimulation, schien ihn tief zu beeindrucken. Es war ein Austausch zwischen alter Tradition und neuer Technologie, zwischen altem Wissen und moderner Anwendung.
Sein Staunen über diese Verbindung war offensichtlich und in seinen Augen spiegelte sich ein lebhaftes Interesse.
Dieser Moment des Teilens und Lernens war für mich besonders wertvoll. Er zeigte, wie die alten Lehren des Shaolin-Tempels und die moderne Praxis sich ergänzen und bereichern können. Es war ein kleiner, aber bedeutungsvoller Brückenschlag zwischen Vergangenheit und Gegenwart, zwischen Ost und West.

“Kulinarische Abenteuer im Shaolin-Tempel"

In den Tagen zwischen anstrengendem Training und erholsamem Schlaf gab es natürlich auch Zeit für Mahlzeiten. Doch manchmal war mein Appetit ebenso erschöpft wie mein Körper. An einigen Tagen kämpfte ich mit dem Geruch des Essens; es war, als ob mein Magen streikte und sagte: „Heute nicht, danke.“ Und dann kam natürlich noch die Wäsche dazu. Die schweißgetränkten Trainingsklamotten verlangten nach einer dringenden Reinigung, fast so laut wie mein knurrender Magen nach Nahrung.

An einem dieser Tage war der Geruch in der Kantine einfach zu viel für mich. Also entschied ich mich, das Mittagessen auszulassen und stattdessen auf Erkundungstour zu gehen. Ich fand einen kleinen Stand im Gelände und erstand dort eine prächtige Pomelo. Ein kleiner Sieg für meinen rebellischen Magen!

Zurück in meinem Zimmer saß ich auf meinem Bett, die Pomelo triumphierend in der Hand und dann traf mich die Erkenntnis: Ich hatte kein Messer, nicht einmal Besteck, denn hier im Tempel aßen wir ja mit Stäbchen.

Aber Not macht erfinderisch! Mit einem winzigen Anfang, den ich mühsam in die dicke Schale doch irgendwie schnitzte und der Pomelo fest zwischen meinen Knien, begann ich, die Frucht zu schälen.

Es war eine Szene für Götter – ich, kämpfend mit einer rebellischen Zitrusfrucht, entschlossen, nicht hungrig ins nächste Training zu gehen.
Nach einigen Minuten des Ringens und Schälens genoss ich endlich ein paar Stücke des Elos. Es war eine kleine, aber süße Belohnung für meine Bemühungen und ein witziger Moment der Selbstgenügsamkeit.

Die nächste Trainingseinheit wartete schon, mit frisch gewaschener Wäsche - aber ich war bereit – mit frischer Energie und dem Wissen, dass es immer eine Lösung gibt, selbst wenn es um eine störrische Pomelo geht.

“Kleine Fluchten und nächtliche Weisheiten im Schatten des Shaolin"

Während einer kurzen Auszeit in der Mittagspause entdeckte ich die Welt jenseits des strengen Trainingsalltags im Shaolin-Tempel. Ein Spaziergang zum großen Tor öffnete die Tür zu einem kleinen Markt, wo ich zwischen den bunten Ständen stöberte. Hier, zwischen den Souvenirs und Kunsthandwerk, fand ich nicht nur praktische Trainingskleidung, sondern auch zwei exquisit gearbeitete Figuren. Trotz ihres Preises waren sie ein unverzichtbares Andenken an meine Zeit hier – eine kostbare Erinnerung an eine Reise, die mich in jeder Hinsicht bereicherte.

Als die Schatten der Nacht über das Tempelgelände fielen, herrschte eine ungeschriebene Regel: Die Erkundungstouren sollten pausieren. Die jungen Kung Fu-Schüler nutzten die Dunkelheit für ihre eigenen Herausforderungen, indem sie sich in kleinen Gruppen trafen, um ihre Fertigkeiten zu messen. Für mich war es ein faszinierendes Schauspiel, doch gleichzeitig wusste ich, dass meine Anwesenheit dort eher zu Verwicklungen führen könnte.

Mit jedem Tag, der verging, spürte ich, wie die Energie des Tempels, sein jahrhundertealtes Erbe, mich mehr und mehr durchdrang.

Das Training, die Meditation, die Stille und Kraft dieses heiligen Ortes ließen mich oft in einem Zustand des Hochgefühls zurück.

Diese Momente der Klarheit und des inneren Friedens bestärkten mich in dem Wissen, dass die Entscheidung, diese Reise anzutreten, eine der besten meines Lebens war.
Im Einklang mit der Vergangenheit und Gegenwart fand ich meine eigene Mitte, getragen von der Weisheit und Stärke, die der Shaolin-Tempel seit Generationen bewahrt. Hier, inmitten alter Mauern und zeitloser Lehren, entdeckte ich nicht nur neue Aspekte des Kung Fu, sondern auch tiefere Schichten meines eigenen Selbst.

“Unter dem Vollmond: Eine Reise durch Licht und Schatten im Shaolin"

In den Nächten des Shaolin-Tempels, unter dem majestätischen Vollmond, offenbarten sich mir die tiefsten Facetten meiner Reise. Es waren Nächte, in denen das unablässige Kläffen der Hunde die Stille zerriss und meinen Schlaf störte. Nächte, in denen meine Gedanken zwischen Ehrfurcht vor dem Großmeister und der Unruhe meines eigenen Geistes tanzten.

Diese Zeit war geprägt von einem ständigen inneren Kampf: Momente des Triumphs, in denen ich die Kung Fu-Formen und Choreografien meisterte, wechselten sich ab mit Zeiten des Vergessens und der Verwirrung.

Jeder Tag war eine Achterbahnfahrt der Gefühle, ein ständiges Balancieren auf dem schmalen Grat zwischen physischer Erschöpfung und mentaler Herausforderung.

Die strengen, aber weisen Worte des Großmeisters klangen in mir nach: „Du musst mitdenken, du musst Klarheit haben, sonst keine Energie.“ Diese einfachen, doch tiefgründigen Worte wurden zu meinem Mantra, einem Anker in den stürmischen Gewässern meiner inneren Unruhe.

Sie lehrten mich, dass wahre Meisterschaft im Kung Fu eine Symbiose aus körperlicher Stärke und geistiger Klarheit ist. Mein Herz schwankte täglich zwischen Freude und Stolz einerseits und Respekt und Angst andererseits. Jede Trainingseinheit, jeder meditative Moment im Tempel, jede stille Stunde unter dem Vollmond war eine Lektion in Selbstbeherrschung und Selbstfindung.

In diesen Nächten, umgeben von den uralten Mauern und der zeitlosen Weisheit des Shaolin, fand ich zu einer neuen Ebene des Verständnisses.
Diese Nächte waren mehr als nur Schlaflosigkeit; sie waren eine Offenbarung meiner eigenen Stärke, meiner Fähigkeit zur Überwindung und des unerschütterlichen Willens, der in mir wuchs.

Jede durchwachte Nacht wurde zu einer Reise in mein Innerstes, in der ich lernte, meine Emotionen zu verstehen und zu akzeptieren. Diese Momente der Einsamkeit und Stille waren gefüllt mit tiefen Einsichten in mein eigenes Wesen und in die Lehren des Shaolin.

In diesen Stunden der Kontemplation erkannte ich, wie weit ich auf meinem spirituellen Weg gekommen war.

Der Vollmond, der über den alten Mauern des Tempels wachte, wurde zu einem Symbol der Erleuchtung und der inneren Ruhe. Unter seinem Licht fand ich nicht nur Frieden, sondern auch eine Verbindung zu der jahrtausendealten Weisheit, die der Tempel in sich barg.

“Die Lehre eines Risses: Schmerz und Erkenntnis im Shaolin-Tempel"

Es war während einer intensiven Trainingseinheit, als ich eine Kung Fu-Form ausführte und plötzlich einen schmerzhaften Riss im Oberschenkelmuskel spürte. Die Form, die ich bis dahin perfektioniert hatte, sollte plötzlich in eine andere Richtung durchgeführt werden – eine Veränderung, die meine Automatisierung der Bewegungen durcheinanderbrachte. In dem Moment, als ich mich nur auf die Reihenfolge konzentrierte und den Körper vernachlässigte, geschah es: Ein stechender Schmerz durchzog mein Bein, ein klares Zeichen, dass etwas nicht stimmte.

Und dann, in einer einzigen Sekunde erlebte ich einen Moment, der mein Verständnis von Stärke und Verletzlichkeit für immer verändern sollte.

Als Sportlerin zog ich die Form trotz des Schmerzes durch, getrieben von der Disziplin und dem Willen, nicht aufzugeben. Erst danach, mein linkes Bein hinter mir herschleifend, suchte ich eine ruhige Ecke, um das Ausmaß des Schadens zu begutachten. Was ich sah, ließ mich erschaudern: Ein dicker Klumpen, kurz über dem linken Knie, zeichnete sich ab und meine Gedanken rasten – keine High Heels mehr, kein Sport, die Furcht vor dauerhaften Schäden. vielleicht sogar eine Beinamputation. Es waren nur Sekunden, aber ein ICE raste durch meinen Kopf.

Eine kurze Akupunkturbehandlung, ergänzt durch mein eigenes Taping und die fokussierte Meditation, die wirklich magische Kraft, brachte Unglaubliches zustande. Mein linkes Bein, das sich zunächst schwach und verletzlich anfühlte, begann sich zu erholen, wurde sogar stärker als zuvor.
Ich spüre noch heute die kraftvolle Energie dieser Meditation und erinnere mich an die Worte des Großmeisters, die mir damals so viel bedeuteten: „Nicht dein Schmerz, er gehört nicht zu dir.“ Der Hauch seiner Worte, die sanft meinen Nacken streiften, sind mir noch immer präsent, eine Erinnerung an die Stärke und Heilkraft, die in mir und um mich herum existiert.
Diese Erfahrung war nicht nur eine Lektion in Schmerzbewältigung, sondern auch eine tiefgreifende Erkenntnis über die Kraft des Geistes und die Bedeutung von Körperbewusstsein. Sie lehrte mich, dass in den Momenten unserer größten Herausforderungen oft die wertvollsten Lektionen liegen.
Dieser Tag im Shaolin-Tempel war mehr als nur eine Überwindung einer Verletzung; er war eine Offenbarung meiner inneren Stärke und der transformative Kraft des Geistes. Der Hauch der Worte des Großmeisters in meinem Nacken war nicht nur eine flüchtige Berührung – es war ein Zeichen der Wandlung, das mich noch heute begleitet.

"Das Klirren des Unmöglichen: Die Faszination der Shaolin-Konzentration"

In der ehrwürdigen Stille des Shaolin-Tempels, wo die Zeit selbst den Atem anzuhalten scheint, erfuhr ich die Faszination der extremen Konzentration, die die Mönche zur Meisterschaft gebracht haben. Es ist eine Fähigkeit, die weit über das menschliche Verständnis hinausgeht, eine tiefe Verbindung zwischen Geist und Körper, die das Unmögliche möglich macht.

Als ich dort stand, umgeben von den jahrhundertealten Mauern, war es das scharfe Klirren einer Eisenstange, die alles veränderte. Es war nicht das Geräusch des Aufpralls, das man erwarten würde, sondern das Klingen einer Stange, die ihre Grenzen findet, die auf eine unsichtbare Barriere trifft – den Körper eines Mönches, der sich in einer Trance der tiefsten Konzentration befindet.

Mit atemloser Spannung beobachtete ich, wie der Mönch, umhüllt von einem Mantel der Meditation, die absolute Kontrolle über seinen Körper erlangte. Die Eisenstange, geführt von seinen Händen, traf auf ihn und doch blieb er unversehrt. Das wurde nachhaltig für mich und dennoch nicht für andere in meinem misherigem Leben. Ja, mit diesem Klang habe auch ich mich noch einmal verändert. Es war MAGISCH.

Kein Schmerz zeichnete sich auf seinem Gesicht ab, keine Verletzung war zu sehen. Stattdessen hörte ich nur das Klirren – ein Beweis für die unglaubliche Festigkeit, die er erreicht hatte.

Diese Faszination der extremen Konzentration und mentalen Stärke, die ich in Shaolin erleben durfte, war ein lebendiges Zeugnis menschlicher Fähigkeiten. Es zeigte, dass das, was wir als Grenze unserer Existenz betrachten, nur der Anfang dessen ist, was erreicht werden kann, wenn der Geist die Führung übernimmt.

Diese Kunst der Shaolin, die sowohl das Herz als auch den Verstand berührt, hat in mir eine unauslöschliche Spur hinterlassen. Sie hat mich gelehrt, dass in der Stille und Konzentration eine unbändige Kraft liegt – eine Kraft, die es ermöglicht, die Schläge des Lebens zu ertragen und dabei unversehrt zu bleiben, gestärkt und bereit für die Herausforderungen, die noch kommen mögen.

“Aufstieg zur Bodhidharma-Höhle: Eine Reise der Stärke und Selbstfindung"

Der Weg zur Bodhidharma-Höhle im Shaolin-Tempel war mehr als nur eine Wanderung; es war eine Prüfung meiner Ausdauer und Willenskraft. Von 500 Metern Höhe aus starteten wir den steilen Aufstieg, der sich über drei Kilometer erstreckte, bis wir die 1700-Meter-Marke erreichten. Die Steigung war enorm, fast schon unerbittlich und jeder Schritt forderte meine ganze Kraft.

Trotz der Strapazen schaffte ich es in 30 Minuten – ein Triumph, der sich in Worten kaum fassen lässt. Vor Erschöpfung, Freude und Adrenalin ließ ich das Mittagessen ausfallen; mein Körper und Geist waren in einem Zustand der Erschöpfung und zugleich der Ekstase.

Am Nachmittag besuchten wir die neue Meditationshalle und die Atmosphäre dort war einfach magisch. Ich verlor jegliches Zeitgefühl, versunken in der Stille und der spirituellen Energie des Ortes.

Selbst am Abend war mein Appetit gering; ich begnügte mich mit einer Tasse Tee. Am nächsten Morgen quälte ich mir ein Ei hinunter, wobei ich scherzhaft dachte, dass es wohl das letzte Ei sein könnte, nachdem ich in der vergangenen Nacht fast den Hahn erwürgt hätte, weil sein Krähen so laut und früh war.

Der Tag startete langsamer als üblich, was eine Erleichterung war, denn ich fühlte mich immer noch erschöpft vom gestrigen Aufstieg. Während des Trainings mahnte mich der Großmeister: „Zu viel Denken, keine Klarheit."

Am Nachmittag erreichte ich dann einen emotionalen Tiefpunkt. Schon beim Aufwärmen begannen die Tränen zu fließen, nicht vor Schmerz, sondern einfach so, unkontrollierbar.

Am Abend demonstrierte der Großmeister, wie man das Gewand korrekt auszieht und zusammenlegt, wie man kniet. Er erzählte auch von seiner Zeit in Wien, wie er dort manchmal nicht ganz im Hier und Jetzt war. Diese Offenbarung beruhigte mich; sie zeigte mir, dass meine Gefühle und Gedanken „normal" sind.

Später am Abend, als ich meine Erlebnisse aufschrieb, kamen erneut die Tränen. Ich erkannte, dass auch das ein Teil des Prozesses war – die Tränen waren ein Zeichen meiner inneren Verarbeitung und des emotionalen Durchbruchs.

"Im Herzen des Kung Fu: Ein Besuch in Deng Feng"

Mein Ausflug nach Deng Feng, in das Zentrum der Kung Fu-Kultur Chinas, war ein Erlebnis voller Kraft und Faszination. Besonders beeindruckend war der Besuch einer Kung Fu-Schule mit unglaublichen 6000 Schülern. In einem Land mit 1,5 Milliarden Menschen, das selbst nach dem Abbau von 300.000 Soldaten immer noch die größte und stärkste Armee der Welt besitzt, war dies ein eindrucksvolles Zeugnis für die Tiefe und die Bedeutung des Kung Fu.

Die Trainingsmethoden und -abläufe in den Schulen waren ein Ballett der Disziplin und Präzision. Ich beobachtete die Schüler, wie sie ihre Übungen an Holzgegnern durchführten – jede Bewegung war präzise und kraftvoll. Besonders beeindruckend war das Training am Reissack. Als ich selbst die Gelegenheit bekam, darauf zu schlagen, spürte ich die rohe Kraft und Härte; es fühlte sich an, als könnte meine Hand dabei brechen.

Die Vielfalt der Schüler, von den Jüngsten bis zu den Ältesten, war beeindruckend. Jeder von ihnen zeigte eine Hingabe und Stärke, die mich tief beeindruckte. Es war ein Spektakel der Entschlossenheit und der körperlichen Fähigkeiten, das zeigte, wie tief das Kung Fu in der chinesischen Kultur verwurzelt ist.

Dieser Ausflug war nicht nur eine Demonstration körperlicher Stärke und technischer Fertigkeiten, sondern auch ein Einblick in die Seele des Kung Fu. Die Schüler verkörperten die Essenz dieser alten Kunstform – eine Kombination aus physischer Kraft, mentaler Disziplin und einer tiefen Verbindung zur traditionellen chinesischen Kultur.

In Deng Feng, umgeben von der Aura dieser jungen und alten Kämpfer, spürte ich die wahre Größe und den Geist des Kung Fu. Es war eine Welt, in der jeder Schlag, jeder Tritt und jede Bewegung eine Geschichte von Stärke, Ausdauer und unerschütterlichem Willen erzählte.

“Deng Fengs Gaumenfreuden und die Shaolin Lichtershow: Ein Fest für die Sinne"

Als ich in Deng Feng in ein wunderschönes Hotel trat, wusste ich noch nicht, dass ich gleich auf eine kulinarische Entdeckungsreise der Extraklasse gehen würde. An einem elegant drehbaren Tisch wurden mir die exquisitesten Speisen serviert, die ich je gekostet hatte. Jedes Gericht war ein Kunstwerk für sich, eine Symphonie aus Geschmack und Duft, die mich in die Tiefen der chinesischen Küche entführte.
Aber der Abend hatte noch mehr zu bieten: die Shaolin Lichtershow.

Vor der atemberaubenden und der majestätischen Kulisse der Berglandschaft entfaltete sich ein Spektakel, das sich jeder Beschreibung entzieht. Es war eine Sinfonie aus Licht, Bewegung und Musik, die mich in ihren Bann zog. Die Kämpfer und Tänzer schienen nicht von dieser Welt zu sein, als sie in perfekter Harmonie ihre Kunst darboten.
Die Performance der Kämpfer und Tänzer war ein unwirkliches Sein aus Stärke, Anmut und Präzision. Jeder Sprung, jeder Schlag war eine perfekte Symbiose aus athletischer Meisterschaft und künstlerischer Eleganz, die mich in ihren Bann zog.

Diese Nacht in Deng Feng war ein Fest für alle Sinne, eine Mischung aus unbeschreiblicher Freude, Ehrfurcht und Staunen. Sie hinterließ einen bleibenden Eindruck in meinem Herzen und meiner Seele – ein Abend voller Geschmacksexplosionen und eines Lichterzaubers, der die Grenzen der Realität zu sprengen schien.

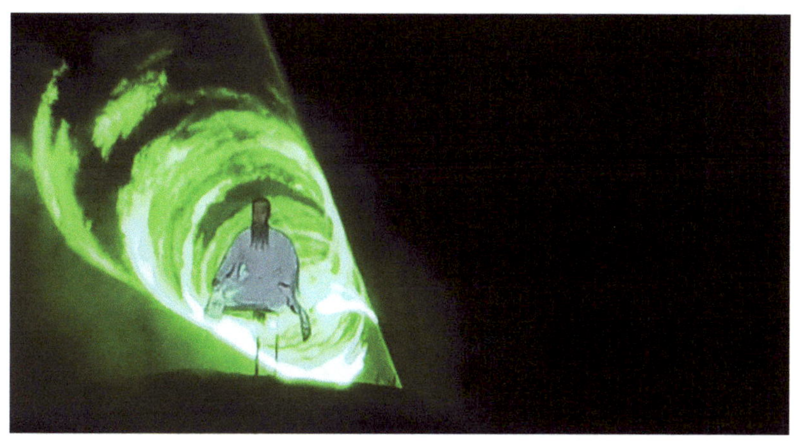

“Morgenzeremonie im Shaolin-Tempel: Ein Kapitel voller Ehrfurcht und Erleuchtung"

Ein unvergesslicher Morgen im Shaolin-Tempel, gekleidet in meinem langen, braunen Gewand, führte mich zu einer Zeremonie, die in ihrer Intensität und Spiritualität alles übertraf, was ich bisher erlebt hatte. Diese Zeremonie, die eine ganze Stunde andauerte, war eine wahre Herausforderung für Körper und Geist. Ich stand regungslos da, während Schmerzen langsam meinen Rücken, meine Beine und Arme erfassten. In den uralten Gemäuern des Tempels lief mir der Schweiß den Rücken hinunter, ein Zeichen der Anstrengung und der Hingabe. Doch die physische Belastung wurde durch die beeindruckende Atmosphäre und die spirituelle Energie der Zeremonie weit übertroffen. Das Singen der Mönche hatte eine unglaubliche Kraft, die durch die Hallen des Tempels hallte und eine tiefe Resonanz in mir auslöste. Es war ein Klang, der sowohl erhebend als auch tief berührend war. In einem Moment der Schwäche fiel ein Mönch vorne in Ohnmacht – ein schockierender, aber auch lehrreicher Moment. Der Großmeister erklärte später, dass dies ein Zeichen für noch vorhandenes schlechtes Karma sei und dass es beim nächsten Mal nicht mehr passieren würde.

Die Spannung stieg, als es um mein Treffen mit dem Abt ging. Wird es stattfinden? Wird es abgesagt? Die Ungewissheit hielt mich in Atem. Letztendlich fand das Treffen statt und zu meiner großen Überraschung erhielt ich ein geschriebenes Herzsutra von einem anderen Großmeister. Er hatte zwei Tage daran gearbeitet – eine Ehre, die mich tief berührte. Nach einer kurzen Pause erhielt ich einen eiligen Anruf vom Großmeister: Es war Zeit für die Kungfu-Vorführung vor dem Abt. Die Aufregung und das Adrenalin durchströmten mich. Nach der Vorführung wurde mir ein geweihtes Mala überreicht, ein Geschenk von unschätzbarem Wert und tiefer Bedeutung. Diese Erfahrungen im Shaolin-Tempel waren nicht nur beeindruckende Momente meiner Reise, sie waren spirituelle Offenbarungen, die mein Verständnis von Disziplin, Hingabe und spiritueller Tiefe für immer veränderten.

“Ein Wandertag im Shaolin: Stufen, Schweiß und unerwartete Wendungen"

Der Morgen begann mit einer vermeintlich erfreulichen Nachricht: „Heute kein Training, nur Wandern.“ Ich dachte mir noch, welch ein Luxus das wäre, ein Tag ohne die anstrengenden Kung Fu-Übungen. Wie naiv ich doch war! Ich hatte keine Ahnung, dass dieser Wandertag mich an die Grenzen meiner körperlichen Ausdauer bringen würde.

Die Wanderung, die ich mir als gemütlichen Spaziergang vorgestellt hatte, entpuppte sich als eine endlose Abfolge von Treppenstufen – mal aufwärts, mal abwärts. Die Stufen waren so schmal und steil, dass ich mich fragte, ob sie für Menschen oder Bergziegen konzipiert wurden. Jeder Schritt war eine Herausforderung, ein Kampf gegen die Schwerkraft und meine eigenen Zweifel.

Doch trotz der Strapazen war es unmöglich, die atemberaubende Schönheit der Umgebung zu ignorieren. Die Landschaft um mich herum gehörte zum UNESCO-Weltkulturerbe und bot eine Kulisse, die so majestätisch war, dass sie alle Anstrengungen wert schien. Unterwegs begegnete ich einem alten Mann, der mit scheinbar übermenschlicher Kraft Wasserflaschen zu einem Touristenpunkt schleppte – über all diese unzähligen Stufen. Seine Beharrlichkeit und Stärke waren ebenso beeindruckend wie die Natur um uns herum.

凭栏遠眺

Als ich abends endlich ins Bett fiel, fühlte ich jeden Muskel meines Körpers. Ich war erschöpft bis auf die Knochen, aber ein friedliches Schlummern war mir noch nicht vergönnt. Plötzlich überfiel mich ein Schüttelfrost, begleitet von heftigen Bauchschmerzen. In diesem Moment griff ich zu meinen Mittelchen und Sälbchen. Ich erinnerte mich daran, wie viel widerstandsfähiger ich bereits geworden war.
Selbst in diesem Zustand des Unwohlseins fand ich eine innere Stärke, die mir vor meiner Zeit im Shaolin-Tempel unbekannt war.
Dieser Wandertag war mehr als nur eine körperliche Herausforderung; er war eine Prüfung meines Willens und meiner Ausdauer. Er zeigte mir, dass jede Hürde, sei sie noch so unerwartet, eine Gelegenheit zur Weiterentwicklung ist.
Ich lag im Bett, müde, aber mit einem Gefühl der Zufriedenheit und des Stolzes über das, was ich auch an diesem Tag wieder erreicht und überwunden hatte.

“Das große Finale: Abschied von Shaolin und die letzten Überraschungen"

Kaum hatte ich das Gefühl, in der Nacht auch nur ein wenig geschlafen zu haben, stand schon das nächste Kapitel meiner Shaolin-Reise bevor. Mit einem Magen, der beim Frühstück keinen Hunger verspürte, begab ich mich zu einer lokalen Kung Fu-Schule. Der herzliche Empfang mit Applaus war überwältigend, und die Schüler zeigten eine Darbietung, die selbst meinen müden Geist wiederbelebte – eine Mischung aus Grazie, Kraft und absoluter Präzision.

Der anschließende Besuch im Weißen Pferd Tempel führte mich weiter auf eine Achterbahn der Gefühle. Trotz zunehmender Erschöpfung und eines Körpers, der nach Ruhe schrie, ließ ich mich von der spirituellen Atmosphäre des Ortes mitreißen. Jeder Schritt schien schwerer zu werden, doch in mir wuchs auch das Gefühl einer tiefen Verbindung zur Geschichte und Kultur, die diesen Tempel umgaben.

Das Mittagessen ließ ich aus, geplagt von der Angst, mein Magen könnte die Strapazen des Tages nicht verkraften. Stattdessen fand ich mich in einem Einkaufszentrum in Deng Feng wieder – ein Kontrastprogramm zum spirituellen Shaolin, voller Leben und Trubel. Umgeben von der Hektik des Konsums, entschied ich mich dennoch gegen jegliche Käufe. Ein stilles Zeichen dafür, wie sehr mich die Reise verändert hatte.

Mit jedem Schritt zurück zum Tempel spürte ich, wie sich mein Zustand langsam verbesserte, als ob die Nähe zu diesem heiligen Ort heilende Kräfte besäße. Im Tempel erwarb ich ein besonderes Souvenir, ein Andenken an diese transformative Reise.

Die letzte Nacht im Shaolin brach an und der nächste Morgen sollte entspannt um 6:30 Uhr beginnen – zumindest war das der Plan. Doch ich wusste, dass in einem Land voller Überraschungen alles möglich war. Was würde der letzte Tag bringen? Würden die letzten Stunden meiner Reise noch eine unerwartete Wendung nehmen? Mit einem Gefühl der Neugier und der tiefen Dankbarkeit für alles Erlebte legte ich mich schlafen, gespannt auf das, was der Morgen bringen würde.

“Das große Finale: Ein historischer Morgen und Abschied vom Shaolin-Tempel"

Mein letzter Tag im Shaolin-Tempel begann mit einer unerwarteten Wendung: Das Treffen wurde plötzlich auf 6:15 Uhr vorverlegt. Ich spürte die Dringlichkeit und die Aufregung, als ich zum Tempel eilte. Dort angekommen, fand ich mich inmitten einer Gruppe von Mönchen wieder, Zeuge eines historischen Moments – der ersten Hissung der chinesischen Fahne vor dem Tempel, nach 1500 Jahren.

Die Probe fand statt, Fotografen kamen und wir alle nahmen unsere Positionen ein. Doch das Warten zog sich hin, erst 45 Minuten später begann die eigentliche Zeremonie. Musik erklang und im Gleichschritt marschierten der Fahnenträger und eine Gruppe von Meistern auf. Es war ein überwältigendes Schauspiel, die Fahne stolz im Wind flattern zu sehen. Ich konnte kaum glauben, dass ich, in der ersten Reihe stehend, Teil dieses bedeutenden Ereignisses war.

Nach einer kurzen Pause gab es eine letzte Teezeremonie, ein Moment der Ruhe und Besinnung.
Dann kam der emotionale Höhepunkt: die Überreichung meiner Urkunde durch den Abt, ein Zeugnis meiner harten Arbeit und meines Durchhaltevermögens. Diese Urkunde war nicht nur ein Stück Papier; sie war ein Symbol für all die Anstrengungen, die Schweißtropfen und Tränen, die ich auf diesem Weg vergossen hatte.

Mein letzter Kauf im Tempel, eine rote Gebetskette, war ein Symbol der spirituellen Reise, die ich durchlebt hatte – ein Andenken, das ich immer bei mir tragen würde. Als ich das Tempelgelände verließ, fühlte ich, wie ein Kapitel meines Lebens sich schloss und ein neues sich öffnete, reich an Erinnerungen und neu gewonnener Stärke.
Doch plötzlich kam der Bus früher als erwartet und es ging wieder im Eiltempo los. Mittlerweile war ich geübt in dieser Schnelligkeit und Planänderungen.
Der Weg zum Flughafen war eine letzte Herausforderung meiner Reise – ein Spiegelbild der Flexibilität und Schnelligkeit, die ich im Shaolin-Tempel gelernt hatte.

Der Großmeister verabschiedete sich von mir, da er zu seinen Eltern fuhr. Mein Schnellzug war zunächst nicht auf der Anzeige zu finden und eine letzte Planänderung führte mich zu einem anderen Gleis.
So endete meine Reise, wie sie begonnen hatte: im Wettlauf gegen die Zeit. Ich schaffte es, mich geschickt durchzumogeln und erreichte meinen Zug.
Eine Dolmetscherin begleitete mich zum Flughafen, wo ich bei Starbucks – natürlich – einen mittelgroßen Latte Macchiato mit Vanille genoss.
Erschöpft, aber erfüllt, legte ich mich auf die Ledersitze und ruhte mich aus, bevor ich meine Zähne putzte, ein langes Shirt anzog und mich auf den Heimflug vorbereitete.
Nun schon 21 Stunden auf den Beinen, eine Reise voller Überraschungen, Herausforderungen und unvergesslicher Momente. Ich blickte zurück auf die Zeit im Shaolin-Tempel, eine Zeit der Wandlung, des Wachstums und der unzähligen Erinnerungen, die mich für immer begleiten werden.
Als ich mich schließlich auf meinem Flugsitz niederließ, bereit für die Heimkehr, war es, als würde ich ein Stück von Shaolin mit mir nehmen. Dieser Abschied war nicht das Ende, sondern der Beginn eines neuen Lebensabschnitts, geprägt von den Lehren, der Kraft und der Weisheit, die ich in den Tagen bei den Shaolin Mönchen erlangt hatte.

“Die unendliche Kraft: Ein Vermächtnis der Shaolin-Reise"

In den stillen Momenten meines Rückfluges, hoch über den Wolken, reflektierte ich über die tiefgreifende Veränderung, die in mir stattgefunden hatte. Diese Reise zum Shaolin-Tempel hatte mir mehr als nur Erinnerungen beschert; sie hatte eine unendliche Kraft in mir entfacht, eine Kraft, die weit über physische Fähigkeiten hinausging.

Diese Kraft war nicht laut oder prahlerisch; sie war still, beständig und tief verwurzelt. Sie stammte aus der endlosen Geduld und Disziplin, die ich in den täglichen Trainings erlernt hatte, aus der Fähigkeit, über meine Grenzen hinauszugehen und dennoch meinen inneren Frieden zu bewahren. Sie manifestierte sich in meiner neuen Fähigkeit, Herausforderungen mit Gelassenheit und Klarheit zu begegnen.

Die Lehren der Mönche, die Meditationen in den frühen Morgenstunden, die anstrengenden körperlichen Übungen – all dies hatte zusammen die unendliche Kraft meines Geistes und Herzens gestärkt. Diese Reise hatte mich gelehrt, dass die wahre Stärke aus dem Inneren kommt, aus der Tiefe des Selbstbewusstseins und der Harmonie zwischen Körper und Geist.

Ich dachte an die Momente der Stille im Tempel, an das Echo der Schläge auf den Reissack, an die rhythmischen Gesänge der Mönche – all dies waren jetzt Teile meines Wesens, eingewoben in das Gewebe meiner Seele. Sie bildeten zusammen eine unerschütterliche Säule der Kraft, die mich in allen zukünftigen Lebenssituationen unterstützen würde.

Während das Flugzeug durch die Wolken glitt, fühlte ich eine tiefe Verbundenheit mit jedem Atemzug, jeder Bewegung und jedem Gedanken. Ich war nicht mehr die Person, die ich zu Beginn dieser Reise gewesen war. Ich war verwandelt, bereichert und gestärkt durch eine unendliche Kraft, die nun ein Teil von mir war.

Diese Reise war zu Ende gegangen, aber die unendliche Kraft, die ich in Shaolin gefunden hatte, würde für immer ein Leuchten in meinem Herzen sein, ein lebendiges Vermächtnis dieser außergewöhnlichen Erfahrung.

“Heimkehr mit neuen Augen: Die Suche nach Achtsamkeit und Gemeinschaft"

Seit meiner Rückkehr aus dem Shaolin-Tempel sind einige Wochen vergangen, doch irgendwie fühle ich mich immer noch nicht wirklich „zurück“. Merkwürdigerweise kämpfe ich mit starken Schmerzen im rechten Arm – Schmerzen, die ich in dieser Intensität noch nie erlebt habe. Es ist, als ob mein Körper sich hier nicht mehr zu Hause fühlt, als ob mir die Energie und Motivation fehlen, die ich dort gespürt hatte. Der übliche Jetlag kann es nicht sein; ich habe schon viele Reisen hinter mir und kenne das Gefühl. Nein, es muss etwas anderes sein.

Oft werde ich gefragt, warum ich diese Reise angetreten habe, was sie mir gebracht hat. Die Antwort, die mir immer wieder in den Sinn kommt, ist ein Wort: Achtsamkeit.

Aber die Achtsamkeit, die ich im Shaolin-Tempel erlebt habe, unterscheidet sich fundamental von dem, was hier oft darunter verstanden wird. Dort war Achtsamkeit kein Modewort, sondern eine gelebte Praxis, eine Art des Seins, die tief im Alltag verwurzelt war.

Ich vermisse diese Art der Achtsamkeit, die dort in Gemeinschaft gelebt wurde. Als ich wieder zu Hause ankam, war mein erster Gedanke: „Es geht nur gemeinsam.“ Aber die Antwort, die ich erhielt, war: „Das haben wir doch.“ Aber nein, was wir hier haben, ist eine Gesellschaft, nicht eine Gemeinschaft im echten Sinne.

Manche Menschen, die mich als schwierig bezeichnen oder in Schubladen stecken, reden sich das Leben schön, aber leben es nicht wirklich. Sie verstehen nicht, dass das Leben nicht immer nur aus positiven Momenten besteht und dass auch ein „ungünstiger“ Tag seinen Wert haben kann. Ich denke dabei an den Mönch, der umgefallen ist – ein Symbol dafür, dass nicht immer alles perfekt sein muss, um gut und lehrreich zu sein.

Schönreden und Schönleben sind wirklich zwei verschiedene Dinge. Was ich in Shaolin gelernt habe, ist, dass echtes Leben bedeutet, auch die unvollkommenen, die herausfordernden Momente anzunehmen und aus ihnen zu lernen. Diese Erkenntnis ist es, die ich aus meiner Reise mitgenommen habe und sie ist es, die mich jetzt antreibt, mein eigenes Umfeld mit neuen Augen zu sehen und vielleicht ein Stück von dem, was ich erfahren habe, in mein tägliches Leben zu integrieren. Und somit hat sich ganz viel verändert.

“Die Essenz der Reise: Ein Wort, das alles verändert"

Welches Wort ist es?
Das Wort, das die Essenz meiner Reise und des Buches einfängt, ist "Transformation". Dieses Wort symbolisiert nicht nur die physischen und geistigen Veränderungen, die Ich während meiner Zeit im Shaolin-Tempel erfahren haben, sondern auch die tiefgreifenden inneren Wandlungen, die Ich durchlebt habe.

"Transformation" steht für den Weg des Wachstums, der Selbstentdeckung und der Veränderung, den JEDER auf seine Reise antreten kann und so mit sein Leben nachhaltig prägen kann!

In der Stille meines Zimmers, umgeben von den Echos meiner Reise, finde ich ein Wort, das all meine Erfahrungen im Shaolin-Tempel zusammenfasst, ein Wort, das die Essenz dessen einfängt, was ich erlebt und gelernt habe.
Diese Reise war mehr als nur ein körperliches Abenteuer; sie war eine tiefgreifende Verwandlung meines Geistes, meiner Seele und meines Verständnisses von der Welt. Ich habe gelernt, über meine Grenzen hinaus zu wachsen, meinen Körper und Geist in Einklang zu bringen und die wahre Bedeutung von Gemeinschaft und Achtsamkeit zu verstehen.

Diese Transformation ist ein Geschenk, das ich in mein alltägliches Leben integriere. Es ist eine unerschöpfliche Quelle der Stärke und Weisheit, die mich in Zukunft leiten wird. Es ist der Beginn eines neuen Kapitels, in dem ich die Lehren von Shaolin in jeder Handlung, jedem Gedanken und jeder Begegnung weitertragen werde.

Und auch das Annehmen, dass sich einige Menschen aus meinem Leben verabschieden und somit auch wunderbare Menschen wieder einen Platz finden.

Mit diesem Buch lade ich Dich ein, an meiner Reise teilzuhaben und vielleicht einen Funken dieser Transformation in Dein eigenes Leben zu bringen. Möge es ein Leitfaden sein, eine Inspirationsquelle und ein Zeugnis der unendlichen Möglichkeiten, die uns das Leben bietet, wenn wir bereit sind, uns auf den Weg der Selbstentdeckung und des Wachstums zu begeben.

Im Einklang des Unerschütterlichen: Eine Ode an die Shaolin-Erfahrung

In den stillen Morgenstunden, als der erste Hauch des Tages den Shaolin-Tempel berührte, begann eine Reise, die mein Wesen bis in den Kern erschüttern sollte. Von den ersten zaghaften Schritten in das unbekannte Heiligtum bis zu den tiefsten Trancezuständen, die die Mönche vor meinen staunenden Augen erreichten, wurde jeder Moment zu einem Kapitel in meinem Buch des Lebens.

Die Shaolin-Reise war eine Symphonie der Extreme – von der Ruhe der Meditation bis zum Krachen der Eisenstangen, die an trainierten Körpern abprallten. Es war eine Demonstration dessen, was der Mensch erreichen kann, wenn Körper und Geist in vollkommener Harmonie schwingen. Diese Mönche, Meister der Konzentration, zeigten mir, dass die Grenzen des Möglichen nur Illusionen sind, die darauf warten, durchbrochen zu werden.

Mit jedem Schweißtropfen und jedem nachklingenden Echo der Holzstöcke im Trainingssaal wuchs in mir eine neue Art von Verständnis – ein Verständnis dafür, dass Schmerz und Ekstase nur die zwei Seiten derselben Münze sind, die uns auf dem Pfad der Erleuchtung leitet. Die Lehren, die ich empfing, waren nicht nur physischer Natur, sondern Weisheiten, die sich in mein Herz einbrannten.

Die kulinarischen Genüsse in Deng Feng waren ein Fest für die Sinne, während die Lichtershow des Shaolin ein Ballett aus Schatten und Licht bot, das meine Seele berührte. Jedes Erlebnis, jede Mahlzeit, jedes Wort und jeder geteilte Atemzug wurden zu einem Mosaiksteinchen meiner Erinnerung.

Als ich zurückblickte, von der Spitze der Bodhidharma-Höhle oder in der stillen Reflexion der Teezeremonien, wurde mir klar, dass ich nicht nur Zeuge einer alten Kultur wurde, sondern auch Teilnehmer an einem uralten Ritual des Wachstums und der Selbstentdeckung. Ich hatte gelernt, dass Achtsamkeit kein leerer Begriff ist, sondern eine lebensverändernde Praxis, und dass Gemeinschaft mehr bedeutet als nur zusammen zu sein – es ist das Zusammensein mit einem gemeinsamen Zweck.

Diese Reise endete nicht mit meiner Rückkehr; sie geht in jedem Atemzug und in jedem Schritt, den ich in meinem alltäglichen Leben tue, weiter. Die unendliche Kraft, die ich in Shaolin fand, ist nun ein Teil von mir – eine Kraft, die mich antreibt, die Welt mit mutigen Augen zu betrachten und die mich daran erinnert, dass jeder Tag eine Chance ist, die eigene Legende zu schreiben.

Jenseits der Mauern Shaolins: Ein Ruf an die Seele der Menschheit und eine Botschaft für die Welt

Im Kern jeder Lehre, die ich im Schatten der gewaltigen Berge und in den stillen Hallen des Shaolin-Tempels empfangen habe, liegt eine universelle Wahrheit: Wir sind mehr als die Summe unserer Teile, mehr als Fleisch und Blut, mehr als flüchtige Gedanken und Gefühle. Wir sind Wesen unermesslicher Tiefe und unerschütterlicher Kraft.

Shaolin hat mir gezeigt, dass in der Stille die größten Antworten liegen und dass in der Aktion die lauteste Wahrheit gesprochen wird. Es lehrte mich, dass in jedem von uns ein unentdeckter Ozean an Potenzial schlummert, der nur darauf wartet, von den Fesseln des Selbstzweifels und der Beschränkung befreit zu werden.

Die Welt heute braucht mehr denn je die Weisheit von Shaolin – nicht nur die Kampfkunst, sondern die Kunst der Menschlichkeit, des Mitgefühls und der wahren Stärke. Die Mönche haben mir beigebracht, dass es nicht die Lautstärke unserer Stimme ist, die Veränderung bringt, sondern die Resonanz unserer Taten und die Tiefe unseres Verstehens.

Dieses Buch ist mehr als eine Schilderung einer persönlichen Reise; es ist ein Ruf an jeden, der danach strebt, sein wahres Selbst zu finden und zu leben. Es ist eine Einladung, die eigenen Grenzen zu erkunden und die Mauern zu überwinden, die wir um uns selbst errichtet haben.

Möge dieses Buch ein Spiegel sein, in dem sich jeder erkennen und den ersten Schritt auf seinem eigenen Weg der Transformation erkennen kann. Denn jeder von uns trägt ein Stück Shaolin in sich – die unendliche Stille, die kraftvolle Aktion, die tiefgründige Weisheit und die unerschütterliche Stärke.

Lass uns zusammen eine Welt erschaffen, die von diesen Prinzipien geleitet wird. Eine Welt, in der Achtsamkeit und Mitgefühl die Grundpfeiler bilden, auf denen wir bauen. Lass uns den Geist von Shaolin in jede Ecke unseres Lebens tragen.

Liebe Leserinnen und Leser,

meine Reise im Shaolin-Tempel war mehr als ein Abenteuer; sie war eine Explosion der Transformation. Sie zwang mich, über mich selbst hinauszugehen und offenbarte mir die unermessliche Kraft, die in der Achtsamkeit und Gemeinschaft liegt.

Dieses Buch ist mehr als eine Erzählung – es ist ein Aufruf. Ein Aufruf, die eigenen Grenzen zu sprengen und das volle Potenzial des Lebens zu entdecken. Es ist ein Funke, der in Dir das Feuer der Veränderung und des Wachstums entfachen soll.

Ich lade Dich ein, dich dem Tanz der Transformation hinzugeben, die Kraft der Gemeinschaft zu erleben und die Welt mit neuen Augen zu sehen. Wir alle haben die Macht, unsere Realität zu gestalten. Nutzen wir sie.

Möge meine Reise Dich inspirieren, Deinen eigenen Pfad der Verwandlung zu beschreiten.

Mit Mut und Entschlossenheit,
Die Sekundenmeisterin

Katja Schlottke

Danksagung

Ich möchte diese Gelegenheit nutzen, um meinen tiefsten Dank auszusprechen. Ein besonderer Dank geht an Großmeister Shi Yang Liang, dessen Weisheit, Anleitung und unerschütterlicher Glaube an meine Fähigkeiten eine unverzichtbare Säule meiner Reise waren. Seine Lehren haben nicht nur meine Fähigkeiten im Kung Fu, sondern auch meine Sicht auf das Leben nachhaltig geformt.

Ich möchte auch den Mönchen vor Ort meinen Dank aussprechen, deren tägliche Präsenz und Hingabe eine stetige Quelle der Inspiration und des Lernens waren. Ihre Stille, Disziplin und spirituelle Stärke waren ein leuchtendes Vorbild für mich.

Ebenso möchte ich allen danken, die immer an meiner Seite waren und an mich geglaubt haben. Ihre Unterstützung, Ihr Glaube und Ihre unermüdliche Ermutigung waren mein Anker in Zeiten der Herausforderung und der Zweifel. Ohne Sie wäre diese Reise nicht dasselbe gewesen.
Jeder von ihnen hat auf seine eigene Weise zu meiner Reise beigetragen und mir geholfen, über mich hinauszuwachsen. Diese Erfahrungen und die daraus gewonnenen Erkenntnisse werde ich für immer in meinem Herzen tragen.

"In jedem Ende liegt ein neuer Anfang. In jeder Herausforderung, eine Chance zu wachsen. Auf jedem Pfad, die Möglichkeit zu lernen. Und in jedem Atemzug, das Potenzial für Transformation."

谢谢

Xièxiè

DANKE